# Commentaire

Par Vincent Guillaume

# L'existentialisme est un humanisme

Sartre

# SARTRE

## ÉCRIVAIN ET PHILOSOPHE FRANÇAIS EXISTENTIALISTE

- **Né en 1905 à Paris**
- **Décédé en 1980 dans la même ville**
- **Quelques-unes de ses œuvres :**
    - *La Nausée* (1938), roman
    - *L'Être et le Néant* (1943), essai
    - *Critique de la raison dialectique* (1960), essai

Figure marquante du XXᵉ siècle, Jean-Paul Sartre est l'un des principaux fondateurs et représentants du concept d'« intellectuel engagé » : en effet, il s'occupa très activement des problèmes de son temps. Anticonformiste, porte-parole de la liberté totale autant que de son usage responsable et humain, Sartre fut un penseur résolument indépendant malgré des idées humanistes bien définies, et ne se laissa pas aliéner par les institutions et les honneurs.

Philosophe et écrivain, Sartre a influencé son époque par sa pensée existentialiste, puis par son engagement. Il est resté à l'avant-scène intellectuelle pendant des années, ses œuvres les plus connues étant entre autres le roman *La Nausée* et l'essai philosophique *L'Être et le Néant*.

# L'EXISTENTIALISME EST UN HUMANISME

## COMPRENDRE L'EXISTENTIALISME SARTRIEN

*L'existentialisme est un humanisme* (1946) est la retranscription, légèrement modifiée par Sartre, d'une conférence qu'il donna le 29 octobre 1945 pour le club *Maintenant*, créé à la Libération. Cette conférence eut un immense succès, qui témoigne de la célébrité de Sartre – célébrité s'accompagnant souvent d'une mauvaise compréhension du philosophe, ce qui constitue une des raisons pour lesquelles il souhaitait prendre la parole.

Sartre explique en quoi consiste réellement sa philosophie, répond aux reproches qu'on lui a adressés, présente l'homme dans sa liberté et sa responsabilité totales, et démontre que, loin d'être pessimiste, l'existentialisme prône l'action et l'engagement.

# MISE EN CONTEXTE

## CONTRER UNE CÉLÉBRITÉ HOULEUSE

Lorsque Sartre donne sa conférence intitulée *L'existentialisme est un humanisme*, il est déjà **très connu pour son œuvre littéraire** – *La Nausée* (1938) et les deux premiers volumes *des Chemins de la liberté* (*L'Âge de raison* et *Le Sursis*, 1945), qu'il venait justement de faire paraitre. **Accès plus facile à sa pensée, sa littérature est un développement parallèle de la philosophie** qu'il s'est consacré à ériger depuis les années trente et dont le point culminant est ***L'Être et le Néant*** (1943). Ce texte philosophique compliqué contribue à confirmer la célébrité de Sartre, au prix toutefois d'une **mauvaise compréhension de son travail**.

En effet, le public méconnait **l'existentialisme**, le reliant à **la laideur et au cynisme** caractéristiques des personnages littéraires sartriens, veules et d'une effrayante lucidité. La presse expose hors de leur contexte les formules les plus choquantes de Sartre. Les intellectuels, s'arrêtant au préjugé d'une **amoralité antihumaniste**, condamnent cette philosophie de la liberté comme une **philosophie du désespoir** :

- les marxistes l'accusent de quiétisme (doctrine privilégiant la contemplation à l'action) et d'un subjectivisme incapable de sortir de soi pour penser le monde ;
- les catholiques l'accusent de supprimer, au nom de la liberté, les valeurs morales présentes de toute éternité, et de défier à travers ce dangereux relativisme toute

l'entreprise humaine.

**Sartre est donc un écrivain à scandale**, même si les avis restent partagés. Son œuvre trouve en effet des défenseurs et reçoit des éloges pour sa valeur littéraire ; de plus, elle suscite l'**enthousiasme de la jeunesse**, que Sartre est d'ailleurs accusé de corrompre.

Il semble donc naturel que Sartre ait voulu répondre aux critiques. Ce faisant, **il justifie son existentialisme et lui assure une place** dans le paysage intellectuel de l'époque. Ce n'est d'ailleurs pas la première étape de cette démarche : il s'est déjà expliqué dans l'hebdomadaire communiste *Action* du 29 décembre 1944, et venait de fonder, afin d'assurer la spécificité de sa doctrine, la revue ***Les Temps modernes***, dont le premier numéro était sorti en octobre 1945. De manière générale, Sartre cherche par la même occasion à **se rapprocher des idées de gauche** et à lutter pour la collectivité aux côtés des communistes, sans pour autant faire de concessions idéologiques.

## LA PHILOSOPHIE DE L'EXISTENCE

**La nouveauté apportée par Sartre est de constituer la philosophie existentielle en une doctrine clairement définie** ; pourtant rien ne le laissait prévoir, car il s'était auparavant revendiqué de la phénoménologie (étude descriptive des phénomènes, soit de ce qui apparait à notre conscience) de Husserl (1859-1938) et son disciple Heidegger (1889-1976). L'un des buts de la conférence est de différencier son existentialisme athée de l'existentialisme chrétien représenté entre autres par Gabriel Marcel (1889-1973) et Karl Jaspers

(1883-1969) – « son », car pour le public, l'existentialisme c'était Sartre. Ce dernier a d'ailleurs initialement refusé le terme d'existentialisme, qu'on lui a selon lui imposé et qu'il a dû accepter, et préfère parler de « philosophie de l'existence ». Mais quelle que soit la dénomination, **la pensée érigée en doctrine par Sartre a déjà sa tradition, des influences dont Sartre ne se cache pas**.

Concernant entre autres l'analyse de l'**angoisse existentielle** (voir III-3), Sartre s'est beaucoup inspiré des travaux du philosophe danois **Søren Kierkegaard** (1813-1855), qu'il rattache, dans L'existentialisme est un humanisme, à l'existentialisme chrétien.

L'existentialisme sartrien a une **base phénoménologique** importante. Inspiré par l'idée husserlienne de l'**intentionnalité de la conscience**, à savoir qu'une conscience est forcément conscience de quelque chose (sans son objet elle n'est pas), Sartre propose que l'être de la conscience – forcément différent de l'être du reste de ce qui est, c'est-à-dire de l'être des autres étants, puisqu'elle est le seul étant à nécessiter un objet afin d'être (à l'inverse, un arbre est une chose ne nécessitant que soi-même pour être) – soit défini comme la liberté, car bien qu'elle soit dans le monde, le monde ne fixe pas la conscience comme une chose ; elle est dans, mais pas du monde, elle est en perpétuel devenir.

Sartre s'inspira également de **l'ontologie** (étude philosophique de l'être) de **Martin Heidegger**, dont l'ouvrage Être et Temps (*Sein und Zeit*, 1927) influença *L'Être et le Néant*. Pour Heidegger, l'homme est le *Dasein*, le seul étant pouvant s'interroger sur son être. Il ne coïncide donc pas avec

son être, mais peut se rapporter à lui ; cette capacité fonda-
mentale définit l'existence, qui dénomme l'être du *Dasein*.
Sartre reprend cette définition et, en l'opposant à l'essence
fixée et définitive, y associe la liberté.

## LIMITES DE LA VULGARISATION

**Afin de remédier aux malentendus et rectifier l'image
déformée que le public se fait de l'existentialisme, Sartre
fournit avec *L'existentialisme est un humanisme* un effort
de simplification et de vulgarisation**. Mais, en allant à
l'essentiel, il s'est peut-être concentré sur ce qui posait problème auprès du public, au détriment du reste. En rendant
ses propres thèses plus compactes et accessibles, en les
systématisant afin de les constituer en doctrine humaniste,
on peut même se demander s'il n'a pas **appauvri la pensée
profonde présentée dans *L'Être et le Néant***.

Sartre regrette rapidement d'avoir laissé publier la retranscription de sa conférence et, déjà dans la discussion qui
l'a directement suivie, a reconnu que la vulgarisation a pu
affaiblir ses thèses. « [I]l arrive que des gens qui ne sont pas
qualifiés pour cela viennent me poser des questions. Je me
trouve alors en face de deux solutions : refuser de répondre
ou accepter la discussion sur un terrain de vulgarisation. »
(p. 82) Sartre justifie son choix en expliquant qu'**affaiblir
une pensée pour la faire comprendre,** comme lorsqu'on
« expose des théories en classe de philo » (*ibid.*), **n'est pas
forcément une mauvaise chose,** et que d'ailleurs **si l'existentialisme se veut une philosophie de l'engagement, il
doit sortir des livres et pénétrer la vie publique.**

# EXPLICATION ET ANALYSE DU TEXTE

## LES IDÉES DÉVELOPPÉES DANS L'ESSAI

### Ce que l'on reproche à l'existentialisme (p. 19-25)

Sartre expose les principaux **reproches faits à l'existentialisme**. Pour les communistes, c'est une philosophie bourgeoise de l'**action impossible** ; pour les catholiques, c'est un **pessimisme qui nie l'importance des efforts humains** en supprimant les valeurs divines ; tous accusent l'existentialisme de manquer à la solidarité humaine par un **subjectivisme** isolant l'individu. Les gens trouvent l'existentialisme **triste et laid**, même si leur propre « sagesse des nations » (p. 24) semble tout aussi déprimante.

### L'existence précède l'essence (p. 25-30)

Pour l'existentialisme athée, **l'existence précède l'essence**. On trouvait jusqu'ici chez les philosophes l'idée que l'homme (tel que conçu par Dieu ou non) est déterminé par une nature humaine, comme un objet manufacturé dont l'essence précède l'existence (son utilité, la méthode de production et tout ce qui permet de le définir précède et conditionne sa fabrication). Mais pour Sartre, **« l'homme surgit dans le monde, et [...] se définit après »** (p. 29) ; il n'y a **pas de nature humaine**, l'homme devient tel qu'il se fait, et même tel qu'il se veut.

### L'homme comme projet (p. 30-37)

**L'homme est un projet, il est responsable de lui-même**, ce dont l'existentialisme veut le rendre conscient.

L'existentialisme part d'une double subjectivité, individuelle et humaine : en choisissant et en agissant individuellement en vue de devenir ce qu'on veut être, **on fait de soi un projet qu'on estime valable pour tout le monde**, car ce que l'on considère être le bon choix pour soi reflète une image de l'homme tel que l'on pense qu'il doit être. **La conscience d'une telle responsabilité pour soi et pour les autres, lors d'un choix où l'homme ne sait pas à quelles valeurs se raccrocher** – or, ne vaut que ce qui est finalement choisi, seulement parce qu'il l'a été –, **provoque l'angoisse**.

## La liberté et la responsabilité (p. 37-47)

**Face à la non-existence de Dieu, l'homme est dans une position de délaissement** (notion existentialiste allant de pair avec l'angoisse), et il s'agit d'en tirer les conséquences : **ce qui est bien n'est plus écrit nulle part** ni déterminable à priori. **L'homme est livré à lui-même, « condamné à être libre »** (p. 39) : **il est donc entièrement responsable, autant de ses passions que de son interprétation du monde.** Dans un choix aussi cornélien que celui d'un étudiant tiraillé entre rester près de sa mère ou l'abandonner à son désespoir pour s'engager dans la Résistance afin de venger son frère et d'aider son pays, on a affaire à deux morales : l'aide individuelle et immédiate, et l'action à grande échelle, plus ambigüe : qui peut prédire s'il y jouera un rôle important ou insignifiant ? Aucune doctrine ne peut résoudre ce dilemme. Choisir selon son sentiment est également illusoire, puisque décider que l'on accorde finalement plus de valeur à sa mère qu'à son pays ne peut se justifier que par l'acte même de rester auprès d'elle, pas par le fait de l'envisager. De même, choisir quelqu'un pour nous conseiller, c'est déjà décider de la réponse que l'on souhaite entendre.

## Une morale de l'engagement (p. 47-56)

Pour agir, **l'homme doit se limiter à prendre en compte les probabilités qui concernent directement son action et la rendent possible**. Rejoindre la cause marxiste implique normalement de parier, entre autres, sur un parti bien unifié et sur des camarades prêts à s'engager jusqu'au bout ; mais cela peut très bien ne pas être le cas puisque ceux-ci sont libres. Cependant, la probabilité qu'un parti international soit unifié ou non ne doit pas entrer en ligne de compte, car elle ne dépend pas de la volonté de celui qui le rejoint. **Il faut agir sans espoir, ne pas se faire d'illusions, mais ne pas renoncer pour autant**, faire tout son possible : **l'existentialisme est une morale d'engagement**. Les reproches de quiétisme (primauté de la contemplation au détriment de l'action) sont donc infondés : au contraire, l'existentialisme considère que **l'homme n'est que par son action**, en dehors il n'est rien. Justifier ses rêves perdus en pensant qu'on avait le potentiel pour les réaliser, mais que les circonstances étaient contraires est refusé. Les protagonistes des romans de Sartre font horreur parce qu'ils sont non seulement présentés comme lâches ou mauvais, mais coupables de l'être par leurs actions, par leurs choix. « Ce que les gens veulent, c'est qu'on naisse lâche ou héros » (p. 55) : cette pensée déterministe est rassurante, car elle implique que si l'on est lâche, on n'y peut rien.

## Autrui comme condition d'existence (p. 56-62)

L'existentialisme fait du *cogito* (« Je pense donc je suis ») de Descartes la seule vérité absolue : **la conscience se trouve elle-même**, constate qu'elle existe, par le fait même de penser. Cependant, dans l'existentialisme, on ne se découvre pas seulement soi-même par le *cogito*, mais **on découvre également autrui** : « l'autre est aussi certain pour nous que nous-mêmes. » (p. 59) **L'autre est de surcroit la condition de notre existence au sens où l'on ne peut se définir** (par exemple comme étant méchant, spirituel) **que par rapport à la façon dont il nous voit**. En reconnaissant autrui comme une « liberté posée en face de moi, qui me pense » (*ibid.*), on découvre l'intersubjectivité, un monde où **les hommes se définissent les uns les autres**.

**S'il n'y a pas de nature humaine, l'homme a cependant une universalité** (comprenant le fait d'être dans le monde, celui d'être mortel, celui d'être libre) qu'on appelle **sa condition**, et qui le définit à la fois objectivement – puisque c'est universel – et subjectivement – puisque cette universalité n'est rien s'il ne se détermine pas par rapport à elle. Et c'est en situation, c'est-à-dire dans un contexte sociohistorique précis, **que l'homme se détermine par rapport à l'universalité de la condition humaine** ; il le fait dans une multitude de projets individuels – mais jamais entièrement étrangers, car se basant toujours sur les mêmes caractéristiques universelles de l'homme, dont la liberté (qui permet de se définir par des choix). **Choisir est un absolu, un élément de la condition humaine**, et chaque choix sera dès lors **compréhensible par quiconque** à n'importe quelle époque, sans pour autant perdre de sa **relativité due à la situation concrète dans laquelle il est fait**.

## Le choix, un absolu inévitable (p. 62-67)

Le reproche fait au subjectivisme existentialiste – « vous pouvez choisir n'importe quoi » (p. 63) – l'est à tort, car **le choix est un absolu inévitable** : en face d'une situation, choisir de ne pas choisir n'est pas une option, mais une illusion. D'autre part, bien qu'on n'ait aucune échelle de valeurs à laquelle se référer, **le choix n'est pas un acte gratuit** ni un caprice, en tant qu'il se fait en situation et engage l'humanité entière.

## Les lâches et les salauds (p. 67-73)

Un autre reproche dit : « vous ne pouvez pas juger les autres. » (p. 67) Si l'homme choisit son projet lucidement et sincèrement, il n'y a effectivement rien à y redire. Mais **on peut juger que des choix se basent sur la vérité et la cohérence, et d'autres sur la mauvaise foi, comme le refus de la liberté ou le fait de s'abriter derrière un déterminisme**. De plus, la liberté est l'ultime signification des actes de bonne foi, et cette liberté comme but (pas en tant qu'elle fait partie de la condition humaine) dépend de la liberté de tous : en prenant sa liberté comme but, on prend nécessairement la liberté de tous comme but. Sur le plan de l'authenticité, **on peut donc juger ceux qui refusent cette liberté**. Sartre qualifie de lâches ceux qui inventent des excuses déterministes, et de salauds ceux qui prétendent que l'existence humaine était nécessaire (c'est-à-dire qui considèrent qu'elle est un droit et non un hasard et voient ainsi leurs position et privilèges comme définitifs).

## À propos du sens de la vie (p. 73-78)

Un troisième reproche prétend que les valeurs inventées ne seraient pas sérieuses « puisque vous les choisissez » (p. 73). Sartre répond qu'une fois que l'on a supprimé Dieu, il n'y a pas d'autre solution. **La vie n'a pas de sens à priori : c'est l'homme qui lui en donne un en la vivant**. Une communauté humaine est donc possible, ce qui amène Sartre à parler des deux formes d'humanisme : l'humanisme classique, qu'il a critiqué dans ses écrits, glorifie l'humanité comme fin et valeur supérieure ; l'humanisme existentialiste, quant à lui, dispense l'homme de se juger lui-même, ne le considère pas comme fin puisqu'il est toujours à faire. Il voit **l'homme comme se faisant exister en poursuivant des buts transcendants**, en poursuivant ce qu'il n'est pas, mais peut devenir, tout en restant dans un univers humain – celui de sa propre subjectivité. Il s'agit d'un humanisme parce que **l'homme est considéré comme seul législateur**, se réalisant comme humain en cherchant des buts hors de lui.

## FOCUS SUR QUELQUES POINTS

### De l'existentialisme à l'humanisme

Pour Sartre, **l'humanisme classique consiste à dire que « l'homme est épatant »** (p. 74). Se prendre soi-même pour fin sur base de prouesses particulières jugées comme les plus hautes mène selon lui à l'**absurdité** (« seul le chien ou le cheval pourraient porter un jugement d'ensemble sur l'homme », p. 75) ; rendre un culte à une certaine idée d'humanité mène à « **l'humanisme fermé sur soi** » (*ibid.*).

**C'est cette idée d'humanité que Sartre refuse, cette essence, cette nature humaine que l'on retrouve dans les humanismes marxiste et chrétien**, où l'homme est respectivement défini par rapport à sa pratique sociohistorique et par rapport à une aspiration transcendante vers le divin. Sartre avait reconnu dans *L'Être et le Néant* que **l'homme aspire bel et bien à une certaine plénitude**, à devenir un être fini, mais que **ce désir est illusoire**. L'homme étant toujours à faire, ce désir fait de lui une « passion inutile » et le voue à la souffrance en raison d'un manque constant. Cette perspective pessimiste va néanmoins être mise de côté par Sartre.

Prisonnier au stalag (durant la Seconde Guerre mondiale, camp allemand de prisonniers de guerre) en 1940, Sartre a fait l'expérience de la dignité et de la fraternité humaines ; auparavant individualiste acharné, il commence dès lors à se tourner vers les autres, à prêter de l'importance aux relations intersubjectives. Premier témoignage des questions nouvelles de Sartre suite à cette expérience déterminante, *L'existentialisme est un humanisme* rend sans conteste palpable un tournant déjà amorcé dans sa vie intellectuelle avec *L'Être et le Néant*.

Pour le philosophe, **l'homme**, ne pouvant se départir de sa liberté ni de son action, **ne peut pas être sans se construire lui-même**. C'est en ce sens qu'il est « constamment hors de lui-même » (p. 76), qu'il cherche des buts transcendants pour sans cesse devenir lui-même – mais, contrairement à la transcendance divine chez les chrétiens, située au-delà de l'homme, toujours dans un univers humain. Cette association de la subjectivité de l'univers humain à une transcendance constitutive est l'humanisme existentialiste. L'existentialisme, à l'instar de l'ontologie heideggérienne, confère à l'homme un statut à part ; à la différence du matérialisme (qui fait partie de la doctrine marxiste**), il n'en fait pas un objet parmi les objets**, un « ensemble de réactions déterminées » (p. 58), et lui accorde ainsi **une dignité particulière. L'homme est un éternel projet, il ne se laisse pas fixer, réduire ou déterminer, il est libre : dès lors, l'existentialisme est un humanisme, car il cherche à rendre l'homme à lui-même, à le mettre en face de sa liberté et de ce qu'il est**.

## L'optimisme de l'engagement

Les marxistes ont reproché à l'existentialisme d'être un quiétisme, d'empêcher **l'homme** d'agir en le représentant comme un être angoissé, **incapable de décider si son choix sera le bon** ou aboutira à un résultat (**ce qui semble signifier que tout engagement est inutile**). S'il est vrai qu'en définitive rien ne peut aider l'homme à choisir, Sartre contre l'accusation marxiste en soulignant que l'action est nécessaire même si le choix peut paraitre difficile.

Pour Sartre, **choisir fait partie de la condition humaine**, de cette part d'universalité qu'il y a en chacun. **On ne peut pas ne pas choisir** : on choisit encore en refusant de choisir, car on signifie alors son accord avec la situation actuelle. **Sartre, dès la Libération, se présente comme un intellectuel engagé, proclamant le devoir moral pour le philosophe ou l'écrivain de prendre parti dans les évènements de son époque.**

Dans *L'existentialisme est un humanisme*, Sartre montre que l'existentialisme fait tout pour mettre l'homme en face de la nécessité d'agir : **l'homme n'est que ce qu'il fait de lui-même, il n'est que la somme de ses actions**. Il ne se définit pas par ce qu'il aurait pu faire, par les rêves et ambitions non menés à terme. Un potentiel irréalisé est perdu et ne signifie rien. D'autre part, **étant la somme de ce qu'on fait, un acte particulier ne peut jamais nous définir entièrement** : si on a un jour commis une lâcheté, même très grave, on n'en est pas pour autant un lâche. Le pessimisme existentialiste est en réalité une « **dureté optimiste** » (p. 53) qui empêche de se rabaisser et de se lamenter sur ce qu'on aurait pu faire (ou au contraire de s'en servir pour se consoler par mauvaise foi).

Si l'homme, étant « condamné à être libre » (p. 39), ne se construit que par ses choix et ses actions, alors on peut déjà leur donner un sens comme point de départ d'une morale. **Une morale existentialiste est possible en tant qu'elle affirme la liberté** et juge ceux qui la refusent (y compris en prétendant ne pas l'exercer à travers leurs choix) :

- puisque les hommes sont seuls face à leur totale liberté, **chaque choix individuel engage toute l'humanité** (« on doit toujours se demander : qu'arriverait-il si tout le monde en faisait autant ? », p. 34) ;
- **dès lors que la liberté est reconnue comme fondatrice de toutes les valeurs**, un jugement moral serait que **la liberté doit toujours avoir la liberté pour but concret**, et du fait de la responsabilité totale de chacun (la liberté de chacun engageant la liberté de tous), **chaque homme**

**de bonne foi ne peut que vouloir la liberté des autres** ;

- il y a donc une certaine universalité (la liberté pour but) dans la morale existentialiste, mais elle doit rester une **morale concrète**, s'adapter au cas par cas. La morale kantienne, pour laquelle viser la liberté revenait également à viser celle des autres, se contentait de considérer qu'une action doit pouvoir être valable pour tous, être universellement applicable pour être morale. Purement formelle, elle est insuffisante dans certaines situations concrètes telle celle du dilemme de l'étudiant évoqué plus haut, puisqu'aucune des deux options (abandonner soit sa mère s'il aide son pays, soit son pays s'il aide sa mère) n'est applicable universellement, aucune ne respecte la loi morale kantienne. La morale existentialiste dicte en revanche de **s'intéresser à la particularité de chaque cas** : il s'agit de chercher « la liberté pour la liberté [...] à travers chaque circonstance particulière. » (p. 69) **C'est à chacun de créer sa solution face à un problème moral concret.**

**La vision existentialiste de l'homme rend à celui-ci sa liberté totale et inévitable. Il peut être pessimiste et s'arrêter à l'angoissante incertitude des choix, ou au contraire se rendre compte que comme il se construit par eux, ils sont son seul espoir. C'est en ce sens que l'existentialisme devient « un optimisme, une doctrine d'action »** (p. 78).

## Un athéisme cohérent

**Le point de départ de l'existentialisme sartrien est la non-existence de Dieu** ; selon Sartre, « [l]'existentialisme n'est pas autre chose qu'un effort pour tirer toutes les conséquences d'une position athée cohérente. » (p. 77) Cela commence par la constatation faite par Dostoïevski (1821-1881) : « Si Dieu n'existait pas, tout serait permis. » (p. 39) Le **délaissement** dont parle Sartre, c'est l'absence de Dieu, mais surtout ses conséquences : **il n'y a plus de valeurs fixées de droit divin**, l'homme est donc leur seule source. Les valeurs pour lesquelles il opte ne sont pas inscrites et jamais définitives, et plus rien ne l'oblige à les respecter. **Il choisit seul ses valeurs puisqu'il n'est plus justifié par Dieu**.

**Le délaissement implique la contingence** – c'est-à-dire le caractère non nécessaire, gratuit – de l'existence humaine. **L'angoisse**, un concept que Sartre reprend de Kierkegaard, est, lorsqu'on la ressent, une porte ouverte menant à la découverte de cette contingence. À la différence de la simple peur, l'angoisse est **toujours angoisse devant soi-même**, on ne s'angoisse pas de quelque chose d'extérieur à soi : le vertige est par exemple une angoisse, car on ne craint pas tant le vide que le fait qu'on pourrait très bien s'y jeter en dépit de tous les motifs qu'on invoquerait pour s'en dissuader – on se rend compte que l'attitude permettant de rester en vie (le fait de ne pas se précipiter dans le vide) est contingente. Il en est de même **devant tout choix** : l'angoisse est **la crainte des possibilités, de ce qu'on pourrait faire, de sa liberté** (puisque toute possibilité est contingente et, dans le délaissement, permise) **et de sa responsabilité face au choix**. Néanmoins, l'angoisse n'est pas un obstacle à l'action : **elle est inévitable en tant qu'elle accompagne toute conscience de responsabilité**.

Sartre considère l'existentialisme athée auquel il se rattache comme plus cohérent que la pensée kierkegaardienne et l'existentialisme chrétien, puisque **supprimer Dieu ramène l'homme à sa contingence ; tant que Dieu existe, l'homme ne croit pas vraiment à sa liberté**.

<br>
*Votre avis nous intéresse !*
*Laissez un commentaire sur le site de votre librairie en ligne*
*et partagez vos coups de cœur sur les réseaux sociaux !*

# POUR ALLER PLUS LOIN

- SARTRE (Jean-Paul), *L'existentialisme est un humanisme*, Paris, Gallimard, 1996.
- TOMES (Arnaud), *L'existentialisme est un humanisme. Sartre*, Paris, Ellipses, 1999.

# Rendez-vous sur lepetitphilosophe.fr et découvrez :

Plus de 1200 analyses
Claires et synthétiques
Téléchargeables en 30 secondes
À imprimer chez soi

ISBN version numérique : 978-2-8062-4581-6
ISBN version papier : 978-2-8062-4621-9
Dépôt légal : D/2017/12603/598

Conception numérique : Primento,
le partenaire numérique des éditeurs.